Mirona Păun

Tzitzi și Poc se împrietenesc cu furia

Mulțumiri **MIHAELEI ȚÎMPĂU,** co-fondator al programului de educație socioemoțională **Tzitzi-Poc**, care a contribuit la această serie de cărți cu experiența ei în lucrul cu copiii!

Descrierea CIP a Bibliotecii Naţionale a României
PĂUN, MIRONA
Tzitzi şi Poc se împrietenesc cu furia / Mirona Păun ; il. de Teodora Savu. - Bucureşti : Bookzone, 2023
ISBN 978-630-305-134-5
I. Savu, Teodora (il.)
087.5

Redactori: **Justina Ene, Mariana Alexandru**
Grafician copertă: **Teodora Savu**
Tehnoredactor: **Anca Marisac**

Editura Bookzone
Şoseaua Berceni nr. 104, sector 4, Bucureşti
Comenzi şi informaţii:
Telefon: +40 774 091.579; +40 770 584.429
E-mail: office@bookzone.ro
www.bookzone.ro

Mirona Păun

Tzitzi și Poc
se împrietenesc cu
furia

Ilustrații de
Teodora Savu

Bookzone
BUCUREȘTI, 2023

Primele săptămâni de după marea întâlnire au fost cele mai frumoase. Cântece, dansuri, mâncarea preferată și (sssssh) dulciuri din **proviziile** ascunse ale lui Tzitzi, ce să mai... o distracție continuă! Poc voia să afle totul: ce e un bec, la ce folosește o pătură, cum de cerul și pământul sunt atât de îndepărtate unul de altul și cum poți atinge norii, de ce există

provizii = rezervă de produse (mai ales alimentare) necesare pentru o anumită perioadă

mai multe specii de animale și de ce ne ciupesc țânțarii. Totul fusese minunat, mai puțin țânțarii... Da, în vara aceea, Poc a avut 104 792 de mușcături de țânțari! A trebuit să umble înfofolit până la ultimul solz ca să poată supraviețui atacului acestor insecte nemiloase. Chiar a fost curios să vadă un ţânţar la microscop și atunci a promis că, timp de cel puțin încă șase luni, n-o să mai pună nicio întrebare legată de insecte.

Tu știi cum arată un țânțar la microscop? Are părul ca Ileana Cosânzeana, ochelari de bunicuță, limbă de broască și picioare de păianjen. Unde mai pui că pișcă de-ți vine să te scarpini până te-nroșești. Închipuiește-ţi-l pe Poc: e un albastrozaur de două ori și jumătate mai mare decât un șoricel, care are atât de multe înțepături, de zici că are **pojar**.

pojar = boală specifică copilăriei, caracterizată prin apariția unor pete roșii pe piele

Atunci când se scarpină, arată de parcă face **breakdance.** Ce este breakdance-ul? E un dans în care dai din mâini și din picioare atât de rapid, încât pare că ai mâncat 250 de kilograme de spanac, 30 de broccoli, 10 polonice de ciorbă de fasole și 560 de tablete de ciocolată. Așa arăta el când se scărpina. Poc a înțeles că, în lumea oamenilor, mușcăturile de țânțari sunt ceva obișnuit, precum emoțiile sau mersul la toaletă și trasul apei. Sau spălatul pe mâini.

Că veni vorba de spălatul pe mâini, Tzitzi i-a explicat lui Poc de 234 de ori ce înseamnă „pandemie”. La început, nu înțelegea de ce nu avea voie să iasă din casă. Lovea cu picioarele în ușă și trântea toate jucăriile pe podea. Tzitzi chiar s-a înfuriat de mai multe ori pentru că Poc i-a stricat câteva dintre jucăriile preferate: un turn din cuburi, pe care îl construise ca model pentru o mașinărie care să arunce cașcavalul direct pe felia de pâine, și termometrul cu care verifica temperatura lui Ursulache, ursulețul preferat.

— Poc, înţeleg că ești furios pentru că nu poți merge afară, dar turnul n-are nicio vină!

— Nu mă interesează! Nu vreau să știu nimic. Aaaaaaaa, țipă Poc, tăvălindu-se printre cuburile pe care le lovise deja cu piciorul și pe care le călcase ca să se asigure că niciunul nu mai scapă viu de-acolo.

— Poc, spuse Tzitzi luându-l ușor de mână, ca să simtă că e în siguranță cu ea, ce-ai vrea să faci acum?

— Aș vrea să trântesc tot ce văd în jur, îmi vine să țip la tine, să lovesc cu coada în pereți, să strig în gura mare: „Vreau afarăăăăăăă. Scoateți-mă de aiiiici!"

Tzitzi îl luă de mână și îl duse în fața unui perete gol. Era peretele perfect pentru țipat. Poc avea mare nevoie de asta.

— Cum vrei să țipi? Așa: „Vreau afarăăăăăăăă"?

Și Tzitzi începu să ţipe la perete, încurajându-l pe Poc să facă același lucru. Și țipă, și țipă, iar Poc începu să se înroșească din vârful cozii. Acum că o auzea pe Tzitzi, țipătul lui începu să prindă putere și urcă pe solzișori, până sus, în vârful creștetului. Și dintr-odată...

— AAAAAAAAAAAAAAAAAAAA, strigă Poc.

Țipătul se lovi de perete și din el apăru o creatură tare haioasă. Avea părul roșu și zburlit, haine din care parcă tocmai rosese un cățel și o formă care nu părea a fi nici de om, nici de șoricel, nici de dinozaur.

Tzitzi și Poc făcură ochii mari, se priviră și săriră unul în brațele celuilalt, tremurând de spaimă. Creatura nu le părea cunoscută și cu siguranță n-o mai întâlniseră până în acel moment.

— Bună! îi salută creatura.

— Aaa, bună... și ție? răspunseră în cor Tzitzi și Poc.

— Fiți fără grijă, poate că am eu părul roșu, dar acum sunt inofensiv.

— **Inofensiv**? întrebă Poc. Ce înseamnă inofensiv?

— Micuțule, inofensiv e atunci când ceva sau cineva nu-ți poate face rău. Iar eu nu pot să fac nimic rău acum, pentru că țipătul tău m-a eliberat. Dacă aș fi rămas în interiorul tău, probabil tu te-ai fi simțit agitat încă nu-știu-câte-zile și nimeni și nimic nu te-ar fi liniștit.

— Adică a fost bine că am țipat?

— Știam eu! ţopăi Tzitzi într-un picior. Știam eu că peretele o să ne ajute.

— M-ai eliberat când ai ţipat înspre perete. Dacă ai fi țipat la Tzitzi, la părinți, bunici, unchi, mătuși, prieteni sau educatoare, n-ar fi funcționat. Și nici la cățel, sau pisici, sau pești, sau broaște țestoase, sau la orice alt animal. Apropo, eu sunt Airuf.

— Airuf? Ce nume ciudat, spuse Poc.

— Da, Airuf. Atunci când cei mici și cei mari reușesc să mă elibereze, mă numesc Airuf. Când sunt înăuntrul lor, sunt Furia.

— Adică ești puțin pe dos.

— Cam așa ceva. Sunt Airuf când mă ajuți să ies și când înțelegi de unde vin. Abia atunci putem să ne împrietenim.

— Cum adică să ne împrietenim?

— Adică să te ajut să te înțelegi mai bine, ce îți place și ce nu, și chiar cum să le vorbești despre asta celorlalți.

— Tzitzi, se apropie Poc la 3 cm de mustățile ei, luând-o în același timp de umeri, ajută-mă, te rog! Lumea asta a oamenilor e atât de încurcată, încât abia înțeleg de ce nu curge apa de la robinet atunci când vreau să fac baie, darămite care-i treaba cu furia.

— Poooc, normal că ai să înțelegi. Chiar dacă ești acum în lumea oamenilor, cu toții avem emoții. Cu toții ne simțim și furioși, și triști, și supărați, și bucuroși, și nemulțumiți, și câte și mai câte. Uneori, reușim să ne dăm seama de ce simțim așa și ce mesaje au ele să ne transmită. Alteori, nu. Uneori, ne vine să sărim într-un picior, alteori, să strângem pe cineva în brațe. De bucurie, amândouă. Uneori, ne vine să lovim cu picioarele în podea. Alteori, ne vine să mușcăm pe cineva. De furie, amândouă. Așa că și felul în care ne purtăm poate fi diferit, chiar și atunci când simțim același lucru.

— E minunată lumea asta a oamenilor!

— Și a emoțiilor, spuse Airuf.

— Chiar așa, tu cu cine te înțelegi cel mai bine din lumea ta, Airuf? Eu, de exemplu, în lumea în care sunt acum, mă înțeleg cel mai bine cu Tzitzi.

Airuf luă câteva perne confortabile și-i invită pe Tzitzi și pe Poc să se așeze. Cei doi erau dornici să asculte poveștile lui pentru că erau despre o lume atât de misterioasă și, uneori, necunoscută. Lumea dinăuntrul nostru, în care apar, dispar sau se transformă emoțiile.

Airuf se așeză și își începu povestea.

— Ei bine, Poc, ca să-ți răspund la întrebare, sunt destul de singur. Oamenii se cam sperie de mine și mă țin acolo, înăuntrul lor. Câteodată, se înfurie pe cine nu trebuie și asta iar nu mă ajută. E ca și cum se înfurie pe Furie.

— Să te-nfurii pe Furie, ha-ha-ha, râse Poc.

— Acum sună haios, dar când simți asta, Poc, poate fi tare greu.

— Eu am simțit asta, adăugă Tzitzi.

— Mai e ceva, spuse Airuf. Lucrul la care mă pricep cel mai bine este să le apăr pe Tristețe, pe Supărare sau pe Neputință.

— Cum adică să le aperi? întrebă Tzitzi.

— Atunci când cineva se simte trist, supărat sau neputincios, apar eu. Dacă ar ieși Tristețea sau Supărarea, s-ar putea ca Stăpânul – adică unul dintre voi – să nu se simtă prea comod sau să-i fie mai greu să se exprime.

— Înseamnă că, atunci când sunt furios, e posibil să fiu trist sau neputincios?

— Așa este, Poc. Furia este o emoție foarte simplu de arătat. Plus că, uneori, ne e greu să ne arătăm Tristețea sau Neputința. Stăpânii noștri nu știu s-o facă. Uneori, nu pot, alteori, nu vor pur și simplu. Să-ți arăți Tristețea înseamnă să fii curajos!

— Și, atunci când suntem curajoși, ne simțim puternici!

— Așa e, Tzitzi. Exact așa te poţi împrieteni cu Furia.

Mai întâi, înțelegi de unde vine, stai de vorbă cu ea și o convingi să iasă din tine. Astfel, ea nu vă va face rău nici ție, nici celor din jur. Apoi, o s-o înțelegi și o să vezi că e un personaj ca oricare altul. Pentru că rolul ei e să te ajute să te înțelegi mai bine și să protejeze ceva ce e ascuns adânc – o mare comoară.

— Vrei să spui că Tristețea, Supărarea sau Neputința sunt comori?

— Da, Poc. Atunci când le descoperim, ele ne arată ce ne place, ce nu ne place, cum vrem sau nu să ne jucăm, cu cine vrem sau nu să fim prieteni. Și că avem nevoie să fim iubiți și mângâiați, respectați și apreciați.

— Eu mă simt iubit, respectat și apreciat atunci când îmi spune Tzitzi: „te descurci de minune, Poc!”. Sau atunci când vine să mă ia în brațe, sau când ne jucăm împreună.

— Iar eu, când îmi spune Mama-Șoricică: „ești puternică, ești deșteaptă și ai tot ce-ți trebuie ca să reușești!”. Sau atunci când eu și Poc sărim în băltoace, după ploaie, și chiar dacă ne murdărim hainele, mama vede cât de mult ne distrăm și ne înțelege, adăugă Tzitzi.

— Așa este! Sunt multe moduri în care ne putem simți iubiți, respectați și apreciați.

Notează sau desenează aici ce te face pe tine să te simți iubit, apreciat și respectat.

— Știi ceva, Airuf? Eu mi-aș dori tare mult să fim prieteni.

— Abia așteptam să spui asta, dragă Poc! E tare neplăcut să fiu acolo, înăuntru, singur. Ai fost curajos să-mi dai voie să apar. O felicit și pe Tzitzi că te-a încurajat și a fost alături de tine, înțelegătoare și răbdătoare, fără să se supere.

— Și eu vreau să fim prieteni, spuse Tzitzi.

Și uite-așa, din doi prieteni se făcură trei. Și cine știe câți vor mai veni alături de ei în Marea Aventură a lui Tzitzi și Poc...

BOOKZONE

BOOKZONE